La ciencia, la tecnología y la COVID-19

Grace Hansen

En colaboración con el Dr. Anthony Ritchie

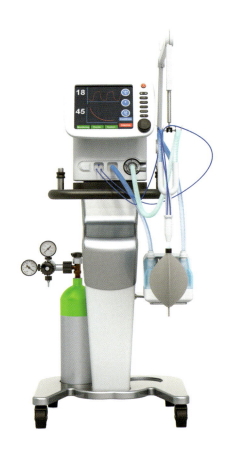

EL CORONAVIRUS

Abdo Kids Jumbo es una subdivisión de Abdo Kids
abdobooks.com

abdobooks.com

Published by Abdo Kids, a division of ABDO, P.O. Box 398166, Minneapolis, Minnesota 55439. Copyright © 2021 by Abdo Consulting Group, Inc. International copyrights reserved in all countries. No part of this book may be reproduced in any form without written permission from the publisher. Abdo Kids Jumbo™ is a trademark and logo of Abdo Kids.

Printed in the United States of America, North Mankato, Minnesota.

102020
012021

Spanish Translator: Maria Puchol

Photo Credits: Alamy, AP Images, Getty Images, iStock, Science Source, Shutterstock

Production Contributors: Teddy Borth, Jennie Forsberg, Grace Hansen
Design Contributors: Dorothy Toth, Pakou Moua

Library of Congress Control Number: 2020948161
Publisher's Cataloging-in-Publication Data
Names: Hansen, Grace, author.
Title: La ciencia, la tecnología y la COVID-19/ by Grace Hansen
Other title: STEM and COVID-19. Spanish
Description: Minneapolis, Minnesota: Abdo Kids, 2021. | Series: El Coronavirus | Includes online resources and index
Identifiers: ISBN 9781098208721 (lib.bdg.) | ISBN 9781098208868 (ebook)
Subjects: LCSH: Immunotechnology--Juvenile literature. | Medical technology--Juvenile literature. | Biomedical research--Juvenile literature. | Epidemics--Juvenile literature. | Communicable diseases—Prevention--Juvenile literature. | Health--Juvenile literature. | Spanish language materials--Juvenile literature.
Classification: DDC 610.28--dc23

Contenido

La ciencia, la tecnología
y la COVID-19 4

La ciencia y la tecnología
salvan vidas 8

Más información sobre
la COVID-19 22

Glosario 23

Índice 24

Código Abdo Kids 24

La ciencia, la tecnología y la COVID-19

Durante el brote de la COVID-19 los científicos e **ingenieros** tuvieron un complicado trabajo. Su esfuerzo continúa salvando vidas hoy en día.

La COVID-19 es una enfermedad causada por un tipo de coronavirus. La mayoría de la gente con la COVID-19 tiene tos y fiebre. Algunas personas pueden tener más complicaciones, incluso morir.

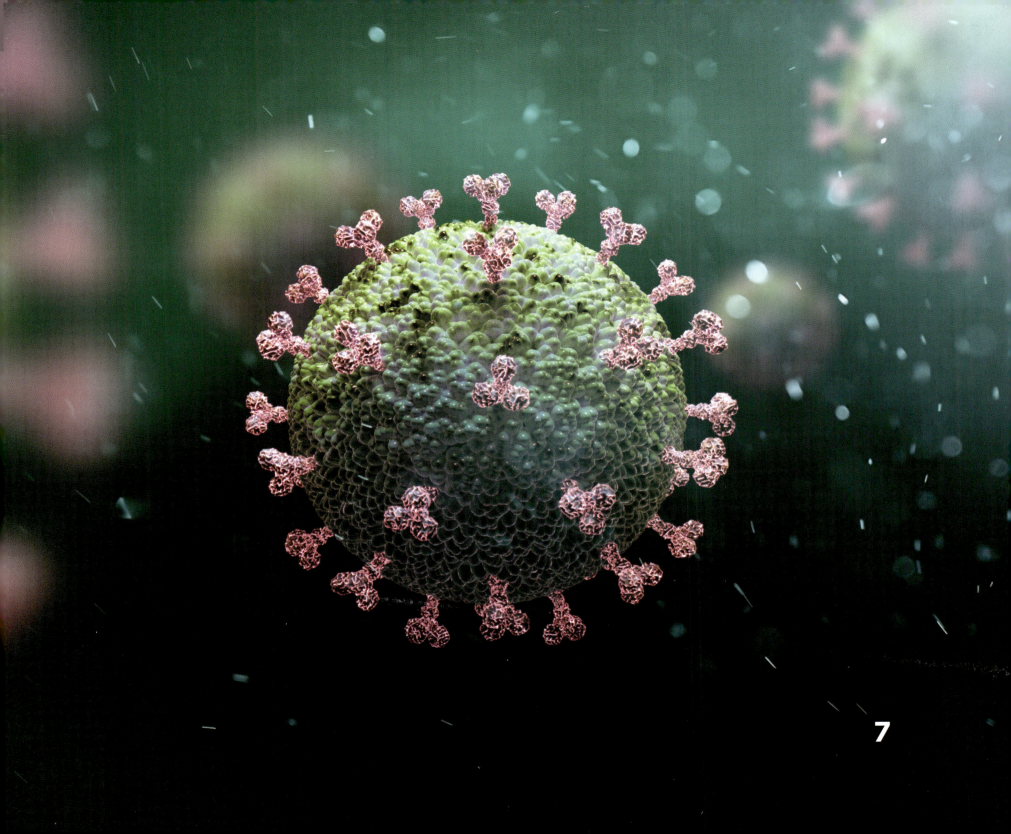
7

La ciencia y la tecnología salvan vidas

La COVID-19 puede afectar a los pulmones. Cuando los pulmones de los pacientes fallan, usan un respirador. Esta asombrosa máquina respira por ellos.

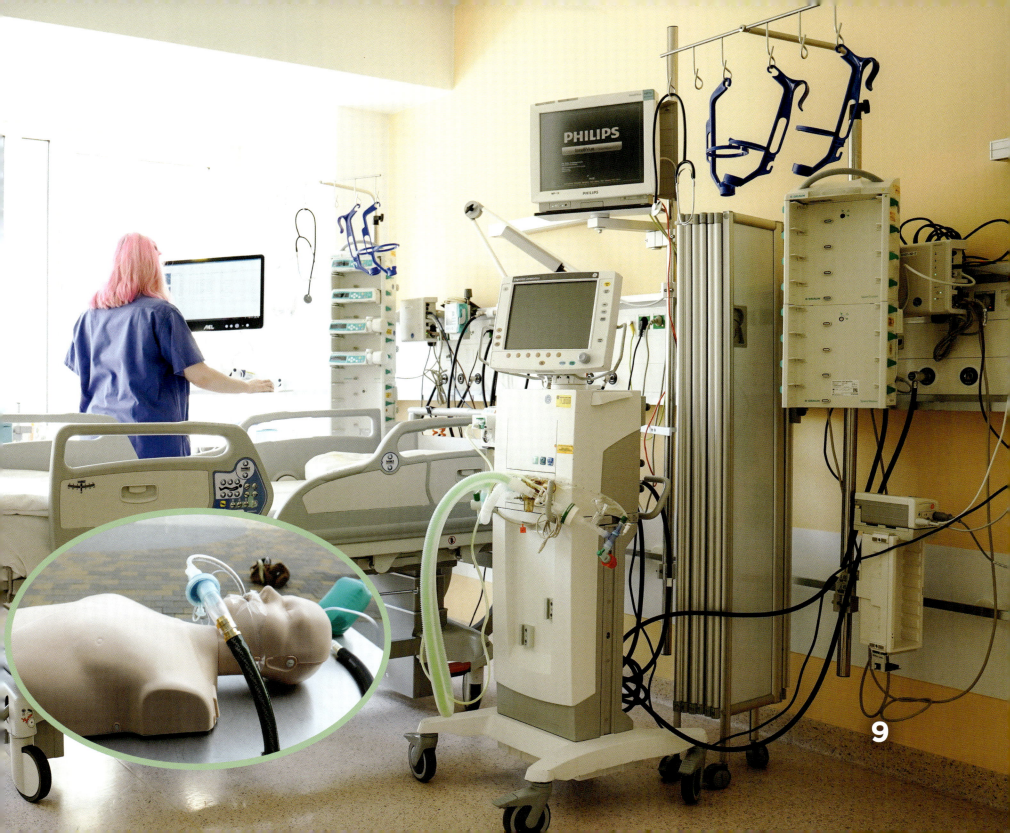

Son necesarias las pruebas rápidas de la COVID-19. Cuanta más gente se haga la prueba, más información se tiene. Esa información sirve para no propagar el **virus**. ¡Así se salvan vidas!

Conseguir una vacuna también ayuda a salvar vidas. Una vacuna contiene el **virus** que causa una enfermedad, pero el virus está debilitado o muerto.

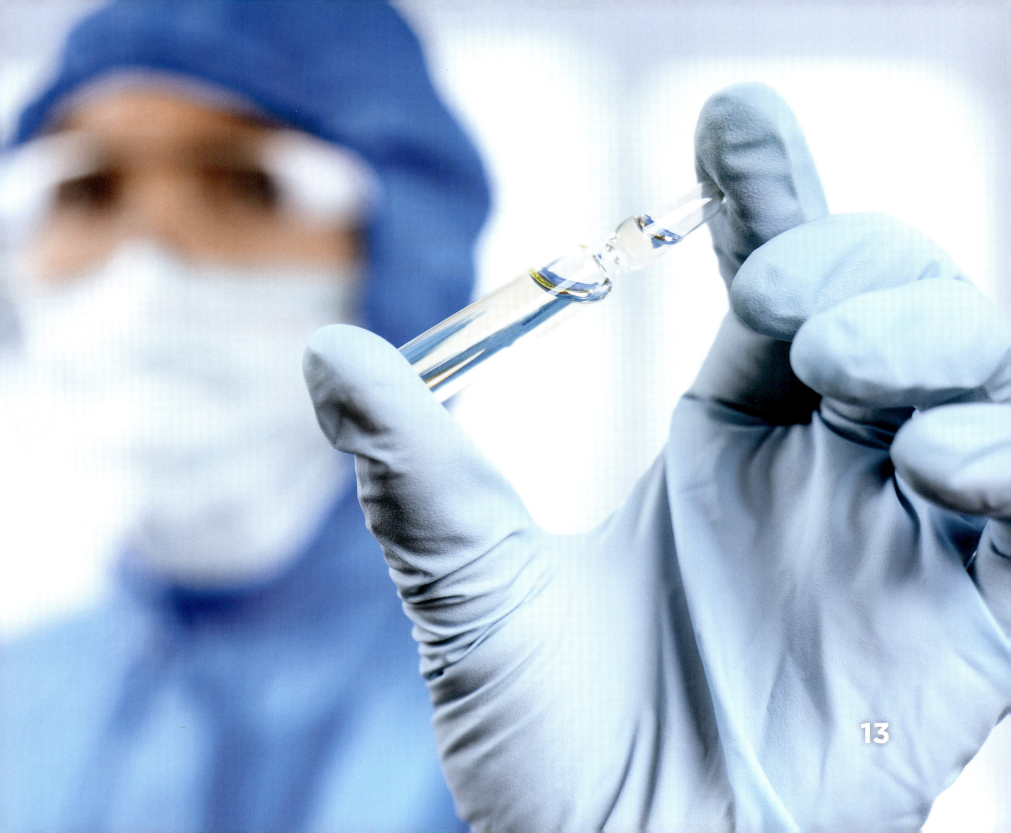

Las vacunas introducen **virus** en el sistema **inmunitario**. Este sistema crea **anticuerpos** para atacarlo.

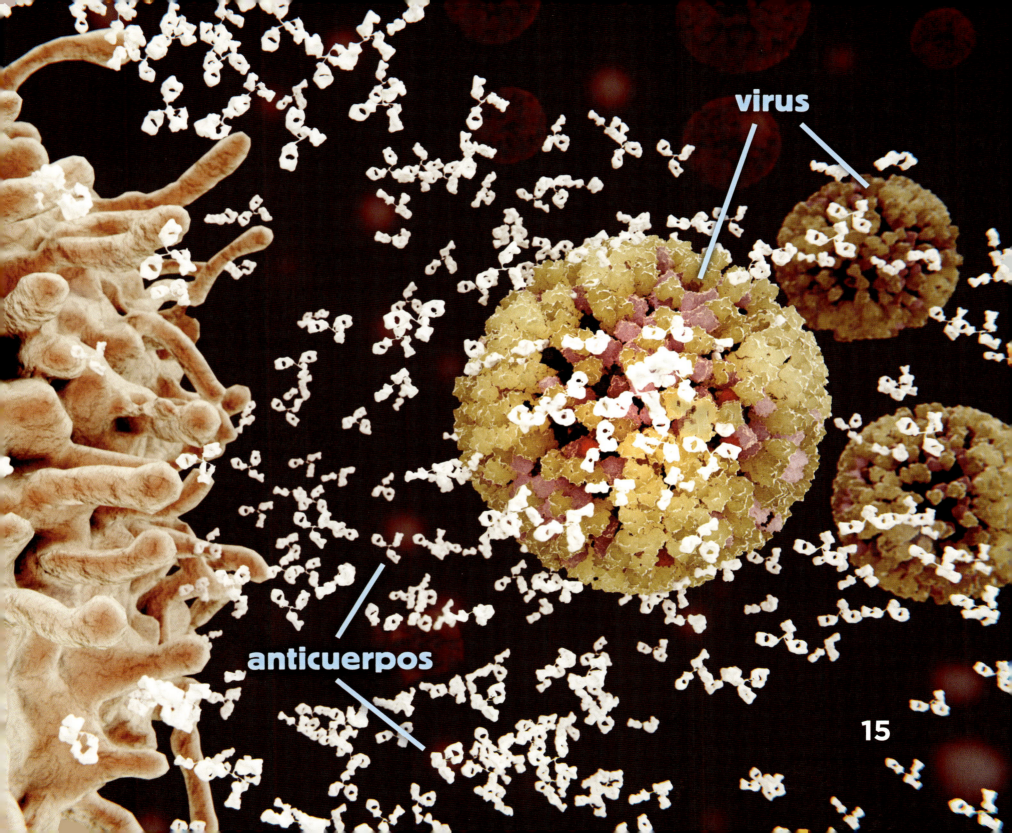

La gente que se ha recuperado de la COVID-19 también pueden ser de ayuda. Su **sistema inmunitario** ha fabricado **anticuerpos** que combaten al **virus**. Estos anticuerpos pueden ayudar a los todavía enfermos.

Los drones son más que una diversión durante una crisis sanitaria. Pueden llevar provisiones médicas a los hospitales. También reparten medicamentos a la gente que no puede salir de sus casas.

Los robots sanitarios ayudan en el cuidado de los pacientes de la COVID-19. Gracias a los robots los médicos pueden comunicarse con los pacientes sin entrar en sus habitaciones. Los robots pueden comprobar los **signos vitales** de los pacientes, como la presión sanguínea o la temperatura. Pueden incluso limpiar los hospitales.

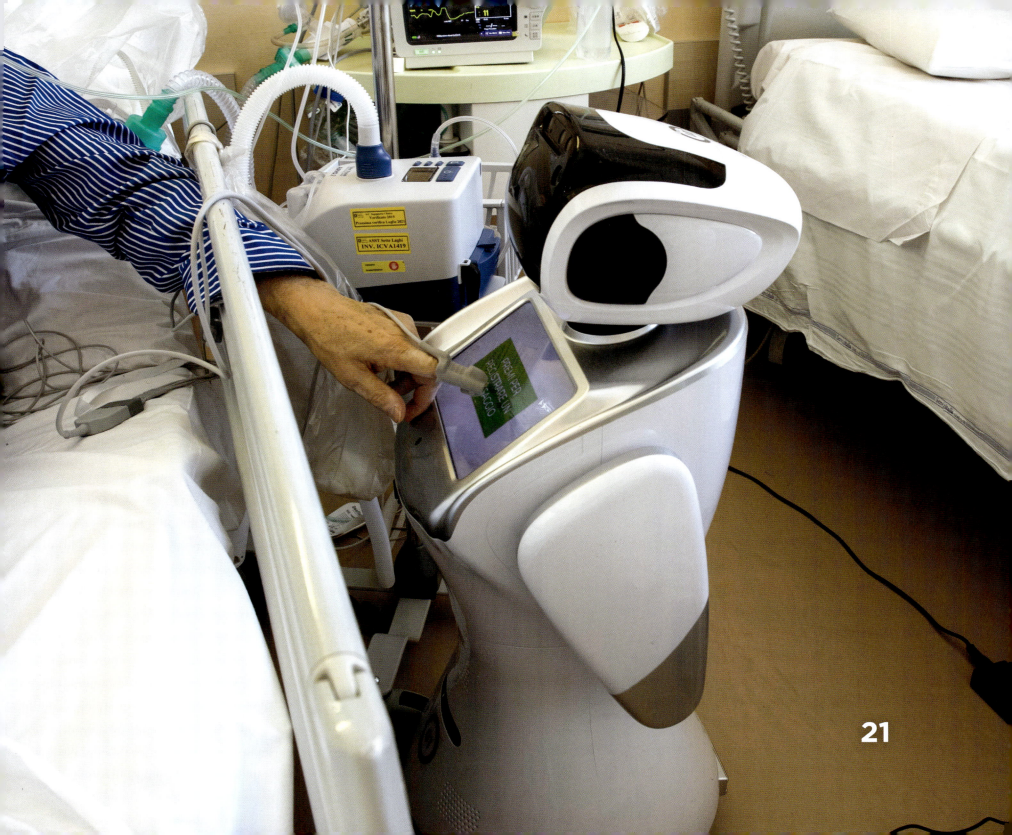
21

Más información sobre la COVID-19

- COVID-19 es la abreviatura en inglés para la enfermedad del coronavirus 2019.

- La COVID-19 es una enfermedad causada por una cepa de coronavirus que se llama SARS-CoV-2.

- SARS-CoV-2 es la abreviatura en inglés para coronavirus del síndrome respiratorio agudo grave de tipo 2.

- Los síntomas más comunes de la COVID-19 son la tos, la fiebre y la dificultad para respirar.

Glosario

anticuerpo – proteína en la sangre que reacciona a los virus neutralizándolos o destruyéndolos. Los anticuerpos proveen de inmunidad contra los virus.

coronavirus – virus causante de enfermedades. La mayoría de los coronavirus causan enfermedades en los humanos, desde resfriados comunes a enfermedades mortales.

ingeniero – persona preparada en el uso y diseño de maquinaria y tecnologías.

signos vitales – también conocidos como constantes vitales, son los indicadores más importantes de la salud de una persona, por ejemplo, el pulso, la temperatura y la presión sanguínea. Muestran el estado de las funciones necesarias para vivir.

sistema inmunitario – sistema corporal que protege al cuerpo detectando la presencia de virus causantes de enfermedades y destruyéndolos.

virus – organismo diminuto que puede reproducirse sólo en células con vida. Los virus pueden causar enfermedades en humanos, animales y plantas.

Índice

anticuerpos 14, 16

científicos 4

coronavirus 6, 10

COVID-19 (enfermedad) 4, 6, 8, 10, 16, 20

drones 18

hospitales 18, 20

ingenieros 4

pruebas 10

respirador 8

robots sanitarios 20

síntomas 6, 8

sistema inmunitario 14, 16

tratamiento 8, 12, 16, 18, 20

vacuna 12, 14

¡Visita nuestra página **abdokids.com** para tener acceso a juegos, manualidades, videos y mucho más!

Los recursos de internet están en inglés.

Usa este código Abdo Kids

TSK5553

¡o escanea este código QR!